Neruda, *Poesía de amor*
Pessoa, *42 poemas*
Bukowski, *20 poemas*
Safo

FERNANDO PESSOA

Fernando Pessoa nació en Lisboa en 1888. Tras cursar estudios universitarios en Ciudad del Cabo, regresa a su ciudad natal en 1905. A partir de ese momento compaginará una vida de empleado comercial con la poesía. Alberto Caeiro, Ricardo Reis o Álvaro de Campos son nombres de alguno de sus heterónimos, verdaderas personalidades poéticas con estilo propio, creaciones, máscaras de su autor.
Pessoa muere en Lisboa en 1935. Su obra completa, en prosa y poesía, se publicó póstumamente en quince volúmenes entre 1942 y 1978.

FERNANDO PESSOA

42 poemas

Traducción de Ángel Crespo

MONDADORI

© 1998, Grijalbo Mondadori, S.A., por la presente edición.
© 1998, herederos de Fernando Pessoa.
© 1998, Pilar Gómez, por la traducción, cedida por
Espasa Calpe, S.A.
Selección de Jacobo Satrústegui
ISBN: 84-397-0203-5
Depósito legal.M-927/98

febrero 1998

Impreso y encuadernado en Mateu Cromo
Artes Gráficas, S.A., Ctra. de Fuenlabrada, s/n.
Pinto (Madrid)

FERNANDO PESSOA ORTÓNIMO

A veces, y el sueño es triste,
en mis deseos existe
lejanamente un país
donde ser feliz consiste
solamente en ser feliz.

Se vive como se nace,
sin querer y sin saber.
En esa ilusión de ser,
el tiempo muere y renace
sin que se sienta correr.

El sentir y el desear
no existen en esa tierra.
Y no es el amor amar
en el país donde yerra
mi lejano divagar.

Ni se sueña ni se vive:
es una infancia sin fin.
Y parece que revive
ese imposible jardín
que con suavidad recibe.

Absorto e incierto
y sin conocer,
floto en el mar muerto
de mi propio ser.

Me siento pesar
porque agua me siento...
Te veo oscilar,
vida–descontento...

De velas privado...
La quilla virada...
El cielo estrellado
frío como espada.

Soy cielo y soy viento...
Soy barco y soy mar...
Que no soy yo siento...
Lo quiero ignorar.

Cuando era joven, yo a mí me decía:
¡Cómo pasan los días, día a día,
sin nada conseguido o intentado!
Mas, viejo, digo, con el mismo enfado:
¡Cómo, día tras día, todos son
sin nada hecho y sin nada en la intención!
Así, naturalmente, envejecido,
diré con igual voz e igual sentido:
un día vendrá el día en el que no
diré ya nada.
Quien nada fue ni es no dirá nada.

Hoy, en este ocio incierto
sin placer ni razón,
como un túmulo abierto
cierro mi corazón.

En la inútil conciencia
de que todo es en vano,
lo cierro a la violencia
de este mundo inhumano.

Mas ¿qué mal sufre un muerto?
¿Contra qué defenderlo?
Lo cierro absorto, es cierto,
mas sin querer saberlo.

Tengo pena y no respondo.
Mas no me siento culpado
porque en mí no correspondo
al otro que en mí has soñado.

Cada uno es mucha gente.
Para mí soy quien me pienso,
para otros – cada cual siente
lo que cree, y es yerro inmenso.

Ah, dejadme sosegar.
No otro yo me sueñen otros.
Si no me quiero encontrar,
¿querré que me halléis vosotros?

De aquí a poco acaba el día.
Yo no hice nada.
¿Y qué cosa es la que haría?
Fuese cual fuese, equivocada.

Muy pronto la noche viene,
mas sin razón
para aquel que sólo tiene
que contar su corazón.

Y tras la noche y dormir
renace el día.
Nada haré sino sentir.
Pero ¿qué otra cosa haría?

Del viento en la orilla mueven
sus cuerpos muertos las hojas.
Ya de los árboles llueven,
ya, si inertes no se mueven,
tú, lluvia otoñal, las mojas.

Y no hay en mi pensamiento
deseo de irlas pensando.
No tengo en este momento
ya nada en mi pensamiento:
soy igual que hojas volando.

Pero las hojas no sienten
esta pena honda y rotunda
que mis sentidos consienten.
Nada son y nada sienten
de mi pena más profunda.

Despierto siempre antes que raye el día
y escribo con el sueño que perdí.
Después, en el torpor que el alma enfría,
la aurora aguardo, que ya tantas vi.

Miro, olvidado, el ceniciento verde
que azula de los gallos el cantar.
¿Que es malo no dormir? Uno se pierde
lo que la muerte da para empezar.

Oh primavera sosegada, aurora,
enseña a mi torpor, que el alma enfría,
qué es lo que al alma lívida colora
con lo que ocurrirá durante el día.

Autopsicografía

El poeta es un fingidor.
Finge tan completamente
que hasta finge que es dolor
el dolor que en verdad siente.

Y, en el dolor que han leído,
a leer sus lectores vienen,
no los dos que él ha tenido,
sino sólo el que no tienen.

Y así en la vida se mete,
distrayendo a la razón,
y gira, el tren de juguete
que se llama el corazón.

Tengo tanto sentimiento
que es frecuente persuadirme
de que soy sentimental,
mas reconozco, al medirme,
que todo esto es pensamiento
que yo no sentí al final.

Tenemos, quienes vivimos,
una vida que es vivida
y otra vida que es pensada,
y la única en que existimos
es la que está dividida
entre la cierta y la errada.

Mas a cuál de verdadera
o errada el nombre conviene
nadie lo sabrá explicar;
y vivimos de manera
que la vida que uno tiene
es la que él se ha de pensar.

Llueve en silencio, que esta lluvia es muda
y no hace ruido sino con sosiego.
El cielo duerme. Cuando el alma es viuda
de algo que ignora, el sentimiento es ciego.
Llueve. De mí (de este que soy) reniego...

Tan dulce es esta lluvia de escuchar
(no parece de nubes) que parece
que no es lluvia, mas sólo un susurrar
que a sí mismo se olvida cuando crece.
Llueve. Nada apetece...

No pasa el viento, cielo no hay que sienta.
Llueve lejana e indistintamente,
como una cosa cierta que nos mienta,
como un deseo grande que nos miente.
Llueve. Nada en mí siente...

No quiero rosas mientras haya rosas.
Las quiero cuando no las pueda haber.
¿Qué he de hacer con las cosas
que puede cualquier mano coger?

Sólo quiero la noche si la aurora
la diluye en azul y rosicler.
Lo que mi alma ignora
es lo que quiero poseer.

¿Para qué?... De saberlo, nunca haría
versos para decir que no lo sé.
Siento a mi alma pobre y fría...
¿Con qué limosna la calentaré?

POEMAS DE ALBERTO CAEIRO

Nunca he guardado rebaños,
y es como si los guardase.
Mi alma es como un pastor,
conoce al viento y al sol
y va de la mano de las Estaciones
continuando y viendo.
Toda la paz de la naturaleza sin gente
viene a sentarse a mi lado.
Pero yo me pongo tan triste como una puesta de sol
lo es para nuestra imaginación,
cuando refresca en el fondo de la llanura
y se siente que la noche ha entrado
como una mariposa por la ventana.

Pero mi tristeza es sosiego
porque es natural y justa
y es lo que debe haber en el alma
cuando piensa que existe
y las manos cogen flores sin que ella se dé cuenta.

Con un ruido de cencerros
más allá de la curva del camino,
mis pensamientos están contentos.
Sólo me apena saber que están contentos
porque, si no lo supiese,

en vez de estar contentos y tristes
estarían alegres y contentos.

Pensar es incómodo como andar bajo la lluvia
cuando el viento arrecia y parece que llueve más.

No tengo ambiciones ni deseos.
Ser poeta no es una ambición mía.
Es mi manera de estar solo.

Y si a veces deseo,
por imaginación, ser corderillo
(o ser todo el rebaño
para andar esparcido por toda la cuesta
siendo muchas cosas felices a la vez),
es sólo porque siento lo que escribo a la puesta del sol,
o cuando una nube pasa la mano por cima de la luz
y corre un silencio por la hierba.

Cuando me siento a escribir versos
o, paseando por los caminos o los atajos,
escribo versos en un papel que hay en mi pensamiento,
siento en las manos un cayado
y veo una silueta mía
en lo alto del otero,
mirando a mi rebaño y viendo mis ideas,
o mirando a mis ideas y viendo mi rebaño,
y sonriendo vagamente como quien comprende lo que
 se dice
y quiere fingir que lo comprende.

Saludo a todos los que me lean,
quitándome el sombrero ancho
cuando me ven a mi puerta
apenas la diligencia descuella en lo alto del otero.
Les saludo y les deseo sol,
y lluvia, cuando la lluvia es necesaria,
y que sus casas tengan
al pie de una ventana abierta
una silla predilecta
en la que se sienten a leer mis versos.
Y que al leer mis versos piensen
que soy algo natural:
por ejemplo, el árbol antiguo
a cuya sombra, cuando eran niños,
se sentaban de golpe, cansados de jugar,
y se limpiaban el sudor de la cabeza ardiente
con la manga de su guardapolvos a rayas.

Esta tarde ha caído la tormenta
rodando por las cuestas del cielo
como un pedrisco enorme...
Como alguien que desde una ventana alta
sacude un mantel
y las migajas, al caer todas juntas,
hacen ruido al caer,
la lluvia llovía del cielo
y ennegreció los caminos...

Cuando los relámpagos sacudían el aire
y abanicaban el espacio
como una gran cabeza que dice que no,
no sé por qué –yo no tenía miedo–
me puse a rezarle a Santa Bárbara
como si fuese yo la tía vieja de alguien...

¡Ah! es que rezándole a Santa Bárbara
me sentía aún más ingenuo
de lo que me creo que soy...
Me sentía familiar y casero
y habiendo pasado la vida
tranquilamente, como el muro del huerto;
teniendo ideas y sentimientos por tenerlos
como una flor tiene perfume y color...

Me sentía alguien que puede creer en Santa Bárbara...
¡Ah, poder creer en Santa Bárbara!

(Quien cree que existe Santa Bárbara,
¿pensará que es una persona y que se la ve,
o qué pensará de ella?)

(¡Qué artificio! ¿Qué saben
las flores, los árboles, los rebaños,
de Santa Bárbara?... Una rama de árbol,
si pensase, nunca podría
inventar santos ni ángeles...
Podría pensar que el sol
es Dios, y que la tormenta
es un montón de gente
encolerizada por cima de nosotros...
¡Ah, de qué modo los más sencillos de los hombres
están enfermos y confusos y embrutecidos
frente a la clara sencillez
y salud con que existen
los árboles y las plantas!)

Y yo, pensando en todo esto,
me sentí otra vez menos feliz...
Me puse sombrío y débil y soturno
como un día durante el que todo el día la tormenta
    amenaza
y ni siquiera llega de noche...

Pensar en Dios es desobedecer a Dios,
porque Dios quiso que no le conociésemos,
por eso no se nos mostró...

Seamos sencillos y pacíficos,
como los regatos y los árboles,
y Dios nos amará haciéndonos bellos como los árboles
    y los regatos,
y nos dará verdor en su primavera,
¡y un río donde estar cuando acabemos!...

Soy un guardador de rebaños.
El rebaño es mis pensamientos
y todos mis pensamientos son sensaciones.

Pienso con los ojos y con los oídos
y con las manos y los pies
y con la nariz y la boca.
Pensar una flor es verla y olerla
y comerse una fruta es conocer su sentido.

Por eso cuando, en un día de calor,
me siento triste de disfrutarlo tanto,
y me acuesto estirado en la hierba,
y cierro los ojos calientes,
siento a todo mi cuerpo acostado en la realidad,
sé de verdad y soy feliz.

Ojalá fuese el polvo del camino
y los pies de los pobres me pisaran...
Ojalá fuese los ríos que corren
y hubiese lavanderas a mi orilla...

Ojalá fuesen los chopos de la margen del río
y tuviera sólo el cielo por cima y el agua por debajo...

Ojalá fuese el burro del molinero
y él me pegase y me quisiera...

Mejor eso que ser el que va por la vida
mirando para atrás y sintiendo dolor...

El Tajo es más bello que el río que corre por mi aldea,
pero el Tajo no es más bello que el río que corre por mi aldea
porque el Tajo no es el río que corre por mi aldea.

El Tajo tiene grandes navíos
y todavía navega en él,
para quienes en todo ven lo que ya no existe,
la memoria de las naos.

El Tajo baja de España
y el Tajo entra en el mar en Portugal.
Todo el mundo lo sabe.
Pero pocos saben cuál es el río de mi aldea
y para dónde va
y de qué sitio viene.
Y por eso, porque pertenece a menos gente,
es más libre y mayor el río de mi aldea.

Por el Tajo se va al Mundo.
Más allá del Tajo está América
y la fortuna de quienes la encuentran.
Nadie ha pensado nunca en lo que hay más allá del río de mi aldea.

El río de mi aldea no hace pensar en nada.
Quien se encuentra a su lado, sólo a su lado está.

A veces, en días de luz perfecta y exacta,
en que las cosas tienen cuanta realidad pueden tener,
me pregunto a mí mismo despacio
por qué siquiera atribuyo
belleza a las cosas.

¿Una flor tiene acaso belleza?
¿Tiene acaso belleza una fruta?
No: tienen color y forma
y tan sólo existencia.
La belleza es el nombre de algo que no existe,
que yo doy a las cosas a cambio del placer que me
  producen.
No significa nada.
Entonces, ¿por qué digo de las cosas: son bellas?

Sí, incluso a mí, que vivo sólo de vivir,
invisibles, vienen a hablarme las mentiras de los
  hombres ante las cosas,
ante las cosas que simplemente existen.

¡Qué díficil es ser consecuente y no ser sino lo visible!

No siempre soy igual en lo que digo y escribo.
Cambio, pero no cambio mucho.
El color de las flores no es el mismo al sol
que cuando pasa una nube
o cuando entra la noche
y las flores son color de sombra.
Mas quien mira bien ve que son las mismas flores.
Por eso cuando parezco no estar de acuerdo conmigo,
fíjense bien en mí:
si estaba vuelto a la derecha,
me ha vuelto ahora a la izquierda,
pero siempre soy yo, teniéndome en los mismos pies.
El mismo siempre, gracias al cielo y a la tierra
y a mis ojos y a mis oídos atentos
y a mi clara simplicidad de alma...

Si quieren que yo tenga un misticismo, está bien, lo
 tengo.
Soy místico, mas sólo con el cuerpo.
Mi alma es pura y no piensa.

Mi misticismo es no querer saber.
Es vivir y no pensarlo.

No sé lo que es la naturaleza: la canto.
Vivo en lo alto de un otero
en una casa enjalbegada y solitaria,
y ésta es mi definición.

Un día excesivamente nítido,
día en que daban ganas de haber trabajado mucho
para no trabajar nada durante él,
entreví, como una carretera por entre los árboles,
lo que quizá sea el Gran Secreto,
aquel Gran Misterio de que hablan los falsos poetas.

Vi que no hay Naturaleza,
que la Naturaleza no existe,
que hay montes, valles, llanos,
que hay árboles, flores, hierbas,
que hay ríos y piedras,
pero que no hay un todo al que esto pertenezca,
que un conjunto real y verdadero
es una enfermedad de nuestras ideas.

La Naturaleza es partes sin un todo.
Esto es tal vez ese misterio del que hablan.

Fue esto lo que sin pensar ni parar mientes,
acerté que debía ser la verdad
que todos andan encontrando y no encuentran,
y que sólo yo, porque no fui a encontrarlo, encontré.

No basta abrir la ventana
para ver los campos y el río.
No es suficiente no ser ciego
para ver los árboles y las flores.
También es necesario no tener ninguna filosofía.
Con filosofía no hay árboles: no hay más que ideas.
Sólo hay como una cueva cada uno de nosotros.
Hay sólo una ventana cerrada, y todo el mundo fuera;
y un sueño de lo que se podría ver si la ventana se
    abriese,
que nunca es lo que se ve cuando se abre la ventana.

RICARDO REIS

Maestro, son plácidas
todas las horas
que malgastamos,
si al malgastarlas,
cual en un jarro,
ponemos flores.

Que no hay tristezas
ni hay alegrías
en nuestra vida.
Así, sepamos,
sabios incautos,
vivirla no,
sino pasarla
tranquilos, plácidos
siendo los niños
nuestros maestros;
Naturaleza
llene los ojos...

Al pie del río,
junto al camino,
según el caso,
siempre en el mismo

descanso leve
de estar viviendo.

El tiempo pasa,
nada nos dice.
Envejecemos.
Sepamos, con
malicia casi,
sentirnos ir.

De nada vale
hacer un gesto.
No se resiste
al dios atroz
dios que sus hijos
siempre devora.

Cojamos flores.
Mojemos leves
nuestras dos manos
en calmos ríos
para aprender
también la calma.

Frente al sol, siempre,
cual girasoles,
no de la vida
sintamos, yéndonos,
remordimientos
de haber vivido.

Ven a sentarte conmigo, Lidia, a la orilla del río.
Con sosiego miremos su curso y aprendamos
que la vida pasa, y no estamos cogidos de la mano.
           (Enlacemos las manos.)

Pensemos después, niños adultos, que la vida
pasa y no se queda, nada deja y nunca regresa,
va hacia el mar muy lejano, hacia el pie del Hado,
           más lejos que los dioses.

Desenlacemos las manos, que no vale la pena cansarnos.
Ya gocemos, ya no gocemos, pasamos como el río.
Más vale que sepamos pasar silenciosamente
           y sin grandes desasosiegos.

Sin amores, ni odios, ni pasiones que levanten la voz,
ni envidias que hagan a los ojos moverse demasiado,
ni cuidados, porque si los tuviese el río también correría,
           y siempre acabaría en el mar.

Amémonos tranquilamente, pensando que podríamos,
si quisiésemos, cambiar besos y abrazos y caricias,
mas que más vale estar sentados el uno junto al otro
           oyendo correr al río y viéndolo.

Cojamos flores, cógelas tú y déjalas

en tu regazo, y que su perfume suavice el momento–
este momento en que sosegadamente no creemos en nada,
   pagamos inocentes de la decadencia.

Por lo menos, si yo fuera sombra antes, te acordarás de mí
sin que mi recuerdo te queme o te hiera o te mueva,
porque nunca enlazamos las manos, ni nos besamos
   ni fuimos más que niños.

Y si antes que llevases el óbolo al barquero sombrío,
nada habré de sufrir cuando de ti me acuerde,
a mi memoria has de ser suave recordándote así –a la
   orilla del río,
      pagana triste y con flores en el regazo.

Muestran su nieve, al sol, lejanos montes,
pero es ya suave el sosegado frío
    que ablanda y agudiza
    los dardos del sol alto.

Hoy, Neera, no quieras ocultarnos;
nada nos falta porque nada somos.
    No esperamos ya nada
    y al sol sentimos frío.

Mas, tal como es, gocemos del momento,
solemnes levemente en la alegría
    y aguardando a la muerte
    como quien la conoce.

No tengas nada en las manos
ni una memoria en el alma,

que cuando un día en tus manos
pongan el óbolo último,

cuando las manos te abran
nada se te caiga de ellas.

¿Qué trono te quieren dar
que Átropos no te lo quite?

¿Qué laurel que no se mustie
en lo arbitrios de Minos?

¿Qué horas que no te conviertan
en la estatura de sombra

que serás cuando, de noche,
estés al fin del camino?

Coge las flores, mas déjalas
caer, apenas miradas.

Al sol siéntate. Y abdica
para ser rey de ti mismo.

No consienten los dioses sino vida.
Todo, pues, rehusemos que nos alce
 a irrespirables cimas,
 perennes mas sin flores.
La ciencia de aceptar tengamos sólo,
y, mientras de la sangre en nuestras sienes,
 no con nosotros mústiase
 el mismo amor, duremos,
cual vidrios a las luces transparentes
y dejando escurrir la lluvia triste,
 tibios al sol caliente
 y reflejando un poco.

Esta libertad sólo nos conceden
los dioses: someternos
por nuestra voluntad a su dominio.
Más vale obrar así,
pues sólo en la ilusión de libertad
la libertad existe.

Los dioses de otro modo, sobre quien
pesa el eterno hado,
nos usan para su calmo y poseído
convencimiento antiguo
de que su vida es libre y es divina.

Imitando a los dioses,
poco libres, como ellos en su Olimpo,
como aquel que en la arena
alza castillos por llenar los ojos,
alcemos nuestra vida
y los dioses sabrán agradecernos
el ser tan como ellos.

Por estos sotos, antes que nosotros,
pasaba el viento cuando había viento.
Y no hablaban las hojas
de otra manera que hoy.

Pasamos y agitámonos en balde.
No en lo que existe hacemos mayor ruido
que las hojas del árbol
o los pasos del viento.

Tratemos, pues, con abandono asiduo,
de entregarle a Natura nuestro esfuerzo
y no querer más vida
que la de árboles verdes.

Inútilmente parecemos grandes.
Salvo nosotros, nada por el mundo
honra a nuestra grandeza
ni sin querer nos sirve.

Si aquí en la arena, junto al mar, mi indicio
con ondas tres no más el mar apaga,
¿qué no hará en la alta playa
en que el mar es el Tiempo?

Siempre tuvimos, ángeles o dioses,
la visión perturbada de que sobre
nosotros, compeliéndonos,
obran otras presencias.

Como sobre las reses de los campos
nuestro esfuerzo, que no comprenden ellas,
las coarta y obliga
y ellas no nos perciben,

son nuestra voluntad y pensamiento
las manos con las que otros nos conducen
hacia donde ellos quieren
y no queremos ir.

A la patria, mi amor, prefiero rosas,
y antes magnolias amo
que gloria y que virtud.

Mientras la vida no me canse, dejo
pasar por mí la vida,
si sigo siendo el mismo.

¿Qué importa aquel a quien ya nada importa
que uno pierda, que otro venza,
si ha de amanecer siempre,

si, con la primavera, año tras año,
las hojas aparecen
y en el otoño cesan?

Y el resto, lo demás que los humanos
añaden a la vida,
¿algo añade a mi alma?

Nada, salvo la sed de indiferencia
y la confianza suave
en la hora fugitiva.

Sigue tu destino,
riega tu vergel,
a tus rosas ama.
El resto es la sombra
de árboles ajenos.

Que la realidad
siempre es más o menos
de lo que queremos.
Nosotros tan sólo
no somos iguales.

Suave es vivir solo.
Grande y noble es siempre
vivir simplemente,
tu dolor ofrece,
exvoto, a los dioses.

Ve al vivir de lejos.
Nunca le interrogues.
Decirte no puede
nada. La respuesta
excede a los dioses.

Mas serenamente
imita al Olimpo

en tu corazón.
Los dioses son dioses
porque no se piensan.

No la que das, la flor que tú eres quiero.
Por qué me niegas lo que no te pido.
　　Tiempo habrá de que niegues
　　después de que hayas dado.
Flor, ¡séme flor! Si te cogiese avara
mano de infausta esfinge, tú perenne
　　sombra errarás absurda
　　tras lo que nunca diste.

El sueño es bueno porque despertamos
para saber que es bueno. Si la muerte
　　es sueño, despertemos
　　de ella; si no –no lo es–,

con todo cuanto es nuestro rechacémosla
mientras en nuestros cuerpos condenados
　　dura, del carcelero,
　　la licencia indecisa.

La vida más vil, Lidia, y no la muerte,
que desconozco, quiero; cojo flores
　　que te entrego, votivas
　　de un humilde destino.

No sólo quien nos odia o nos envidia
nos limita y oprime; quien nos ama
    no menos nos limita.
Los dioses me concedan que, desnudo
de afectos, de la fría libertad
    de las cumbres yo goce.
Quien quiere poco, tiene todo; quien
nada, es libre; quien no tiene o desea,
    hombre, es como los dioses.

Para ser grande, sé entero: nada
	tuyo exageres o excluyas.
Sé todo en cada cosa. Pon cuanto eres
	en lo mínimo que hagas.
Así la luna entera en cada lago
	brilla, porque alta vive.

Que me olviden los dioses sólo quiero.
Seré libre, sin dicha ni desdicha,
      como el viento que es vida
     del aire, que no es nada.
El odio y el amor nos buscan; ambos,
cada uno a su manera, nos oprimen.
      A quien nada conceden
     los dioses, ése es libre.

Que me concedan no pedirles nada
pido a los dioses. Un yugo es la dicha
    y ser feliz oprime
  por ser un cierto estado.
Y no quieto ni inquieto mi ser calmo
sobre donde los hombres erguir quiero
    placer o dolor sienten.

ÁLVARO DE CAMPOS

Lisbon revisited
(1923)

No: no quiero nada.
Ya he dicho que no quiero nada.

¡No me vengáis con estéticas!
¡No me habléis de moral!
¡Llevaos de aquí la metafísica!
¡No me pregonéis sistemas completos, no me pongáis en
 fila conquistas
de las ciencias(¡de las ciencias, Dios mío, de las
 ciencias!),
de las ciencias, de las artes, de la civilización moderna!

¿En qué he ofendido a todos los dioses?

¡Si tenéis la verdad, guardáosla!

Soy un técnico, pero sólo tengo técnica dentro de la
 técnica.
Fuera de eso, estoy loco, con todo el derecho a estarlo.
Con el derecho a estarlo, ¿lo habéis oído?

¡No me fastidiéis, por amor de Dios!

¿Me queríais casado, fútil, cotidiano y tributable?

¿Me queríais todo lo contrario, lo contrario de lo que
   sea?
Si fuese otra persona, os daría gusto a todos.
Así, como soy, ¡tenéis que aguantaros!
¡Idos al diablo sin mí!
¿Por qué habíamos de irnos juntos?

¡No me cojáis del brazo!
No me gusta que me cojan del brazo. Quiero ser solo.
¡Ya he dicho que soy solo!
¡Ah, qué fastidio querer que sea de compañía!

¡Oh cielo azul –el mismo de mi infancia–,
eterna verdad vacía y perfecta!
¡Oh ameno Tajo ancestral y mudo,
pequeña verdad en la que el cielo se refleja!
¡Oh amargura revisitada, Lisboa de antaño y de hoy!
Nada me dáis, nada me quitáis, nada que yo me sienta
   sois.

¡Dejadme en paz! No tardo, que yo nunca tardo...
¡Y mientras tarda el Abismo y el Silencio quiero estar
   solo!

Tabaquería

No soy nada.
Nunca seré nada.
No puedo querer ser nada.
Aparté de esto, tengo en mí todos los sueños del mundo.

Ventanas de mi cuarto,
de mi cuarto de uno de los millones de gente que nadie sabe quién es
(y si supiesen quién es, ¿qué sabrían?),
dais al misterio de una calle constantemente cruzada por la gente,
a una calle inaccesible a todos los pensamientos,
real, imposiblemente real, evidente, desconocidamente evidente,
con el misterio de las cosas por lo bajo de las piedras y los seres,
con la muerte poniendo humedad en las paredes y cabellos blancos en los hombres,
con el Destino conduciendo el carro de todo por la carretera de nada.

Hoy estoy vencido, como si supiera la verdad.
Hoy estoy lúcido, como si estuviese a punto de morirme
y no tuviese otra fraternidad con las cosas
que una despedida, volviéndose esta casa y este lado de la calle
la fila de vagones de un tren, y una partida pintada
desde dentro de mi cabeza,
y una sacudida de mis nervios y un crujir de huesos a la ida.

Hoy me siento perplejo, como quien ha pensado y opinado y olvidado.
Hoy estoy dividido entre la lealtad que le debo
a la tabaquería del otro lado de la calle, como cosa real por fuera,
y a la sensación de que todo es sueño, como cosa real por dentro.

He fracasado en todo.
Como no me hice ningún propósito, quizá todo no fuese nada.
El aprendizaje que me impartieron,
me apeé por la ventana de las traseras de la casa.
Me fui al campo con grandes proyectos.
Pero sólo encontré allí hierbas y árboles,
y cuando había gente era igual que la otra.
Me aparto de la ventana, me siento en una silla. ¿En qué voy a pensar?

¿Qué sé yo del que seré, yo que no sé lo que soy?
¿Ser lo que pienso? Pero ¡pienso ser tantas cosas!
¡Y hay tantos que piensan ser lo mismo que no puede
 haber tantos!
¿Un genio? En este momento
cien mil cerebros se juzgan en sueños genios como yo,
y la historia no distinguirá, ¿quién sabe?, ni a uno,
ni habrá sino estiércol de tantas conquistas futuras.
No, no creo en mí.
¡En todos los manicomios hay locos perdidos con tantas
 convicciones!
Yo, que no tengo ninguna convicción, ¿soy más
 convincente o menos convincente?

No, ni en mí...
¿En cuántas buhardillas y no buhardillas del mundo
no hay en estos momentos genios-para-sí-mismos
 soñando?
¿Cuántas aspiraciones altas y nobles y lúcidas
–sí, verdaderamente altas y nobles y lúcidas–,
y quién sabe si realizables, no verán nunca la luz del sol
 verdadero ni encontrarán quien les preste oídos?
El mundo es para quien nace para conquistarlo
y no para quien sueña que puede conquistarlo, aunque
 tenga razón.
He soñado más que lo que hizo Napoleón.

He estrechado contra el pecho hipotético más
   humanidades que Cristo,
he pensado en secreto filosofías que ningún Kant ha
   escrito.
Pero soy, y quizá lo sea siempre, el de la buhardilla,
aunque no viva en ella;
seré siempre *el que no ha nacido para eso;*
seré siempre *el que tenía condiciones;*
seré siempre el que esperó que le abriesen la puerta al
   pie de una pared sin puerta
y cantó la canción del Infinito en un gallinero,
y oyó la voz de Dios en un pozo tapado.
¿Creer en mí? No, ni en nada.
Derrámame la naturaleza sobre mi cabeza ardiente
su sol, su lluvia, el viento que tropieza en mi cabello,
y lo demás que venga si viene, o tiene que venir, o que
   no venga.
Esclavos cardíacos de las estrellas,
conquistamos el mundo entero antes de levantarnos de
   la cama;
pero nos depertamos y es opaco,
nos levantamos y es ajeno,
salimos de casa y es la tierra entera,
y el sistema solar y la Vía Láctea y lo Indefinido.

(¡Come chocolatinas, pequeña,
come chocolatinas!
Mira que no hay más metafísica en el mundo que las

chocolatinas, mira que todas las religiones no
    enseñan más que la confitería.
¡Come, pequeña sucia, come!
¡Ojalá comiese yo chocolatinas con la misma verdad
    con que comes!
Pero yo pienso, y al quitarles la platilla, que es de papel
    de estaño,
lo tiro todo al suelo, lo mismo que he tirado la vida.)

Pero por lo menos queda de la amargura de lo que
    nunca seré
la caligrafía rápida de estos versos,
pórtico partido hacia lo Imposible.
Pero por lo menos me consagro a mí mismo un
    desprecio sin lágrimas,
noble, al menos, en el gesto amplio con que tiro
la ropa sucia que soy, sin un papel, para el transcurrir
    de las cosas,
y me quedo en casa sin camisa.

(Tú, que consuelas, que no existes y por eso consuelas,
o diosa griega, concebida como una estatua que
    estuviese viva,
o patricia romana, imposiblemente noble y nefasta,
o princesa de trovadores, gentilísima y disimulada,
o marquesa del siglo dieciocho, descotada y lejana,
o meretriz célebre de los tiempos de nuestros padres,
o no sé qué moderno –no me imagino bien qué–,

todo esto, sea lo que sea, lo que seas, ¡si puede inspirar,
   que inspire!
Mi corazón es un cubo vaciado.
Como invocan espíritus los que invocan espíritus, me
   invoco
a mí mismo y no encuentro nada.
Me acerco a la ventana y veo la calle con absoluta claridad,
veo las tiendas, veo las aceras, veo los coches que pasan,
ve a los entes vivos vestidos que se cruzan,
veo a los perros que también existen,
y todo esto me pesa como una condena al destierro,
y todo esto es extranjero, como todo.)

He vivido, estudiado, amado, y hasta creído,
y hoy no hay un mendigo al que no envidie sólo por no
   ser yo.
Miro los andrajos de cada uno y las llagas y la mentira,
y pienso: puede que nunca hayas vivido, ni estudiado, ni
   amado ni creído
(porque es posible crear la realidad de todo eso sin
   hacer nada de eso);
puede que hayas existido tan sólo, como un lagarto al
   que cortan el rabo
y que es un rabo, más acá del lagarto, removidamente.

He hecho de mí lo que no sabía,
y lo que podía hacer de mí no lo he hecho.
El dominó que me puse estaba equivocado.

Me conocieron enseguida como quien no era y no lo desmentí, y me perdí.
Cuando quise quitarme el antifaz,
lo tenía pegado a la cara.
Cuando me lo quité y me miré en el espejo,
ya había envejecido.
Estaba borracho, no sabía llevar el dominó que no me había quitado.
Tiré el antifaz y me dormí en el vestuario
como un perro tolerado por la gerencia
por ser inofensivo
y voy a escribir esta historia para demostrar que soy sublime.

Esencia musical de mis versos inútiles,
ojalá pudiera encontrarme como algo que hubiese hecho,
y no me quedase siempre enfrente de la tabaquería de enfrente,
pisoteando la conciencia de estar existiendo
como una alfombra en la que tropieza un borracho
o una estera que robaron los gitanos y no valía nada.

Pero el propietario de la tabaquería ha asomado por la puerta y se ha quedado a la puerta.
Le miro con incomodidad en la cabeza apenas vuelta,
y con la incomodidad del alma que está comprendiendo mal.
Morirá él y moriré yo.

Él dejará la muestra y yo dejaré versos.
En determinado momento morirá también la muestra, y los versos también.
Después de ese momento, morirá la calle donde estuvo la muestra,
y la lengua en que fueron escritos los versos,
morirá después el planeta girador en que sucedió todo esto.
En otros satélites de otros sistemas cualesquiera algo así como gente
continuará haciendo cosas semejantes a versos y viviendo debajo de cosas semejantes a muestras,
siempre una cosa enfrente de la otra,
siempre una cosa tan inútil como la otra,
siempre lo imposible tan estúpido como lo real,
siempre el misterio del fondo tan verdadero como el sueño del misterio de la superficie,
siempre esto o siempre otra cosa o ni una cosa ni la otra.

Pero un hombre ha entrado en la tabaquería (¿a comprar tabaco?),
y la realidad plausible cae de repente encima de mí.
Me incorporo a medias con energía, convencido, humano,
y voy a tratar de escribir estos versos en los que digo lo contrario.
Enciendo un cigarrillo al pensar en escribirlos

y saboreo en el cigarrillo la liberación de todos los
   pensamientos.
Sigo al humo como a una ruta propia,
y disfruto, en un momento sensitivo y competente,
la liberación de todas las especulaciones
y la conciencia de que la metafísica es una consecuencia
   de encontrarse indispuesto.

Después me echo para atrás en la silla
y continúo fumando.
Mientras me lo conceda el destino seguiré fumando.
(Si me casase con la hija de mi lavandera
a lo mejor sería feliz.)
Visto lo cual, me levanto de la silla. Me voy a la ventana.

El hombre ha salido de la tabaquería (¿metiéndose el
   cambio en el bolsillo de los pantalones?).
Ah, le conozco: es el Esteves sin metafísica.
(el propietario de la tabaquería ha llegado a la puerta.)
Como por una inspiración divina, Esteves se ha vuelto y
   me ha visto.
Me ha dicho adiós con la mano, le ha gritado *¡Adiós,
   Esteves!*, y el Universo
se me reconstruye sin ideales ni esperanza, y el propietario
   de la tabaquería se ha sonreído.

¿Cuántos libros sueles comprar al año? …

¿Dónde has adquirido este libro?
☐ Librería ☐ Quiosco ☐ Grandes superficies ☐ Otros

¿Cómo has conocido la colección?
☐ TV   ☐ Prensa   ☐ Amigos
☐ Librería ☐ Quiosco   ☐ Otros …

¿Te gusta la portada de los libros?   ☐ Sí ☐ No
¿Te gusta el formato de los libros?   ☐ Sí ☐ No

Indica cuál de estos factores te han influido más a la hora de comprar el libro:
☐ Precio   ☐ Autor   ☐ Contenido   ☐ Presentación

¿Has comprado otros títulos de la colección?
☐ Sí   ☐ No
¿Cuántos? …

☐ Hombre   ☐ Mujer
Edad:
☐ 13-17   ☐ 18-24   ☐ 25-34
☐ 35-44   ☐ 45-54   ☐ más de 54
Estudios:
☐ Primarios   ☐ Secundarios   ☐ Universitarios

Si deseas recibir más información sobre esta colección, envíanos tus datos a **Mondadori,** calle Aragón 385, 08013 Barcelona.

Apellidos _____ Nombre _____
Calle _____ n° ___ piso ___
Población _____ c.p. _____
Provincia _____

Los datos recogidos en este cuestionario son confidenciales. Tienes derecho a acceder a ellos para actualizarlos o anularlos.